O MELHOR DO KARATÊ — 6

Bassai, Kankū

M. Nakayama

O MELHOR DO KARATÊ — 6

Bassai, Kankū

Tradução
EUCLIDES LUIZ CALLONI

EDITORA CULTRIX
São Paulo

Título original: *Best Karate 6 – Bassai, Kankū*.

Copyright © 1979 Kodansha International Ltd.

Publicado mediante acordo com Kodansha International Ltd.

1ª edição 1998 – 6ª reimpressão 2020.

Todos os direitos reservados. Nenhuma parte deste livro pode ser reproduzida ou usada de qualquer forma ou por qualquer meio, eletrônico ou mecânico, inclusive fotocópias, gravações ou sistema de armazenamento em banco de dados, sem permissão por escrito exceto nos casos de trechos curtos citados em resenhas críticas ou artigos de revistas.

Direitos de tradução para a língua portuguesa
adquiridos com exclusividade pela
EDITORA PENSAMENTO-CULTRIX LTDA.
Rua Dr. Mário Vicente, 368 – 04270-000 – São Paulo, SP – Fone: (11) 2066-9000
E-mail: atendimento@editoracultrix.com.br
http://www.editoracultrix.com.br
que se reserva a propriedade literária desta tradução.
Foi feito o depósito legal.

Impresso por : Graphium gráfica e editora

SUMÁRIO

Introdução 9
O que é o Karatê-dō 11
Kata 13
    Significado, Pontos Importantes, Bassai e Kankū
Bassai 17
    Pontos Importantes 66
Kankū 69
    Pontos Importantes 140
Glossário 144

Dedicado
ao meu mestre
GICHIN FUNAKOSHI

INTRODUÇÃO

A última década assistiu a uma crescente popularidade do karatê-dō em todo o mundo. Entre os que foram atraídos por ele encontram-se estudantes e professores universitários, artistas, homens de negócios e funcionários públicos. O karatê passou a ser praticado por policiais e por membros das Forças Armadas do Japão. Em muitas universidades, tornou-se disciplina obrigatória, e o número das que estão adotando essa medida cresce a cada ano.

Com o aumento da sua popularidade, têm surgido certas interpretações e atuações desastrosas e lamentáveis. Primeiro, o karatê foi confundido com o chamado boxe de estilo chinês, e sua relação com o *Te* de Okinawa, que lhe deu origem, não foi devidamente entendida. Há também pessoas que passaram a vê-lo como um mero espetáculo, no qual dois homens se atacam selvagemente, ou em que os competidores se golpeiam como se estivessem numa espécie de luta na qual são usados os pés, ou em que um homem se exibe quebrando tijolos ou outros objetos duros com a cabeça, com as mãos ou com os pés.

É lamentável que o karatê seja praticado apenas como uma técnica de luta. As técnicas básicas foram desenvolvidas e aperfeiçoadas através de longos anos de estudo e de prática; mas, para se fazer um uso eficaz dessas técnicas, é preciso reconhecer o aspecto espiritual dessa arte de defesa pessoal e dar-lhe a devida importância. É gratificante para mim constatar que existem aqueles que entendem isso, que sabem que o karatê-dō é uma verdadeira arte marcial do Oriente, e que treinam com a atitude apropriada.

Ser capaz de infligir danos devastadores no adversário com um soco ou com um único chute tem sido, de fato, o objetivo dessa antiga arte marcial de origem okinawana. Mas mesmo os praticantes de antigamente colocavam maior ênfase no aspecto espiritual da arte do que nas técnicas. Treinar significa treinar o corpo e o espírito e, acima de tudo, a pessoa deve tratar o adversário com cortesia e a devida etiqueta. Não basta lutar com toda a força pessoal; o verdadeiro objetivo do karatê-dō é lutar em nome da justiça.

Gichin Funakoshi, um grande mestre do karatê-dō, observou repetidas vezes que o propósito máximo da prática dessa arte é o cultivo de um espírito sublime, de um espírito de humildade. E, ao mesmo tempo, desenvolver uma força capaz de destruir um animal selvagem enfurecido com um único golpe. Só é possível tornar-se um verdadeiro adepto do karatê-dō quando se atinge a perfeição nesses dois aspectos: o espiritual e o físico.

O karatê como arte de defesa pessoal e como meio de melhorar e manter a saúde existe há muito tempo. Nos últimos vinte anos uma nova atividade ligada a essa arte marcial está sendo cultivada com êxito: o *karatê como esporte.*

No karatê como esporte são realizadas competições com o propósito de determinar a habilidade dos participantes. Isso precisa ser enfatizado, porque também aqui há motivos para se lastimar. Há uma tendência a pôr demasiada ênfase no fato de vencer as competições, negligenciando a prática de técnicas fundamentais, preferindo em vez disso praticar o jiyū kumite na primeira oportunidade.

A ênfase no fato de vencer as competições não pode deixar de alterar as técnicas fundamentais que a pessoa usa e a prática na qual ela se envolve. E, como se isso não bastasse, o resultado será a incapacidade de se executar uma técnica poderosa e eficaz, que é, afinal, a característica peculiar do karatê-dō. O homem que começar a praticar prematuramente o jiyū kumite — sem ter praticado suficientemente as técnicas fundamentais — logo será surpreendido por um oponente que treinou as técnicas básicas longa e diligentemente. É simplesmente uma questão de comprovar o que afirma o velho ditado: a pressa é inimiga da perfeição. Não há outra maneira de aprender, a não ser praticando as técnicas e movimentos básicos, passo a passo, estágio por estágio.

Se é para realizar competições de karatê, que sejam organizadas em condições e no espírito adequado. O desejo de vencer uma disputa é contraproducente, uma vez que leva a uma falta de seriedade no aprendizado dos fundamentos. Além disso, ter como objetivo uma exibição selvagem de força e vigor numa disputa é algo totalmente indesejável. Quando isso acontece, a cortesia para com o adversário é esquecida e esta é de importância fundamental em qualquer modalidade do karatê. Acredito que essa questão merece muita reflexão e cuidado, tanto da parte dos instrutores como da parte dos estudantes.

Para explicar os numerosos e complexos movimentos do corpo, é meu desejo oferecer um livro inteiramente ilustrado, com um texto atualizado, baseado na experiência que adquiri com essa arte ao longo de um período de 46 anos. Esse desejo está sendo realizado com a publicação desta série, *O Melhor do Karatê,* em que meus primeiros escritos foram totalmente revistos com a ajuda e o estímulo de meus leitores. Esta nova série explica em detalhes o que é o karatê-dō, numa linguagem que, se espera, seja a mais simples possível, e espero sinceramente que seja de ajuda aos adeptos dessa arte. Espero também que os karatecas de muitos países consigam se entender melhor depois da leitura desta série de livros.

O QUE É O KARATÊ-DŌ

O objetivo principal do karatê-dō não é decidir quem é o vencedor e quem é o vencido. O karatê-dō é uma arte marcial para o desenvolvimento do caráter por meio do treinamento, para que o karateca possa superar quaisquer obstáculos, palpáveis ou não.

O karatê-dō é uma arte de defesa pessoal praticado de mãos vazias; nele braços e pernas são treinados sistematicamente e um inimigo, que ataque de surpresa, pode ser controlado por uma demonstração de força igual à que faz uso de armas.

A prática do karatê-dō faz com que a pessoa domine todos os movimentos do corpo, como flexões, saltos e balanço, aprendendo a movimentar os membros e o corpo para trás e para a frente, para a esquerda e para a direita, para cima e para baixo, de um modo livre e uniforme.

As técnicas do karatê-dō são bem controladas de acordo com a força de vontade do karateca e são dirigidas para o alvo de maneira precisa e espontânea.

A essência das técnicas do karatê-dō é o *kime*. O propósito do *kime* é fazer um ataque explosivo ao alvo usando a técnica apropriada e o máximo de força, no menor tempo possível. (Antigamente, usava-se a expressão *ikken hissatsu*, que significa "matar com um golpe", mas concluir disso que matar seja o objetivo dessa técnica é tão perigoso quanto incorreto. É preciso lembrar que o karateca de outrora podia praticar o *kime* diariamente e com uma seriedade absoluta usando o makiwara.)

O *kime* pode ser realizado por golpes, socos ou chutes, mas também pelo bloqueio. Uma técnica sem *kime* jamais pode ser considerada um verdadeiro karatê, por maior que seja a semelhança. A disputa não é uma exceção, embora seja contrário às regras estabelecer contato por causa do perigo envolvido.

Sun-dome significa interromper a técnica imediatamente antes de estabelecer contato com o alvo (um *sun* equivale a cerca de três centímetros). Mas excluir o *kime* de uma técnica descaracteriza o verdadeiro karatê, de modo que o problema é como conciliar a contradição entre *kime* e *sundome*. A resposta é a seguinte: determine o alvo levemente à frente do ponto vital do adversário. Ele pode então ser atingido de uma maneira controlada com o máximo de força, sem que haja contato.

O treino transforma as várias partes do corpo em armas, que podem ser usadas de modo livre e eficaz. A qualidade necessária para se conseguir isso é o autocontrole. Para tornar-se um vencedor, a pessoa antes precisa vencer a si mesma.

KATA

Os *kata* do karatê-dō são combinações lógicas de técnicas de bloqueio, soco, golpe e chute em seqüências predeterminadas. Cerca de cinqüenta kata, ou "exercícios formais", são praticados atualmente; alguns deles passam de geração em geração, enquanto outros foram desenvolvidos bastante recentemente.

Os kata podem ser divididos em duas grandes categorias. Em uma delas se encontram os kata apropriados para o desenvolvimento físico, o fortalecimento dos ossos e músculos. Apesar de aparentemente simples, eles requerem tranqüilidade para serem executados e passam a impressão de força e dignidade quando praticados corretamente. Na outra categoria encontram-se os kata apropriados para o desenvolvimento de reflexos rápidos e da capacidade de mover-se com agilidade. Os movimentos-relâmpago desses kata sugerem o vôo rápido da andorinha. Todos os kata requerem e ajudam a desenvolver ritmo e coordenação.

O treino nos kata tanto é espiritual quanto físico. Na execução dessas técnicas, o karateca deve mostrar coragem e confiança, mas também humildade, gentileza e um senso de decoro, integrando assim o corpo e a mente numa disciplina singular. Como Gichin Funakoshi lembrava freqüentemente a seus discípulos, "sem cortesia, o karatê-dō perde o seu espírito".

Uma expressão dessa cortesia é a inclinação da cabeça feita no início e ao término de cada luta. A postura é a *musubi-dachi* (postura informal de atenção), com os braços relaxados, as mãos tocando levemente as coxas e os olhos dirigidos diretamente para a frente.

Da reverência no início do kata, a pessoa passa ao *kamae* do primeiro movimento do kata. Essa é uma postura descontraída, em que a tensão, particularmente nos ombros e nos joelhos, deve ser eliminada e a respiração, deve fluir com facilidade. O centro da força e da concentração é o *tanden*, o centro de gravidade. Nessa posição, o karateca deve estar preparado para qualquer eventualidade e mostrar-se cheio de espírito de luta.

O estado relaxado mas alerta também caracteriza a reverência ao término do kata e é chamado *zanshin*. No karatê-dō, como em outras artes marciais, levar o kata a uma conclusão perfeita é da maior importância.

Cada kata começa com uma técnica de bloqueio e consiste num número específico de movimentos a serem executados numa ordem predeterminada. Há uma variação na complexidade dos movimentos e no tempo necessário para concluí-los, mas cada movimento tem seu próprio significado e função, e nada nele é supérfluo. A atuação é feita ao longo da *embusen* (linha de atuação), cuja configuração é determinada para cada kata.

Ao executar um kata, o karateca deve imaginar-se cercado de adversários e estar preparado para executar técnicas de defesa e ataque em qualquer direção.

O domínio dos kata é um pré-requisito para que se passe pelos *kyū* e *dan*, conforme é mostrado a seguir:

8º kyū	Heian 1
7º kyū	Heian 2
6º kyū	Heian 3
5º kyū	Heian 4
4º kyū	Heian 5
3º kyū	Tekki 1
2º kyū	Outros kata que não sejam Heian nem Tekki
1º kyū	Outros que não sejam os acima
1º dan	Outros que não sejam os acima
2º dan e os *kyū* acima	Kata livres

Os kata livres podem ser escolhidos entre os Bassai, Kankū, Jitte, Hangetsu, Empi, Gankaku, Jion, Tekki, Nijūshihō, Gojūshihō, Unsu, Sōchin, Meikyō, Chintei, Wankan e outros.

Pontos Importantes

Como os efeitos da prática são cumulativos, pratique todos os dias, mesmo que seja por alguns minutos apenas. Ao executar um kata, mantenha-se calmo e nunca realize os movimentos com pressa. Isso significa estar sempre atento ao tempo correto de execução de cada movimento. Se um determinado kata se mostrar difícil, dê-lhe mais atenção e lembre-se sempre da relação entre a prática do kata e do kumite.

Os pontos específicos no desempenho são:

1. *Ordem correta*. O número e a seqüência dos movimentos são predeterminados. Todos têm de ser executados.

2. *Começo e término*. O kata tem de ser iniciado e concluído no mesmo ponto da *embusen*. Isso requer prática.

3. *Significado de cada movimento*. Cada movimento, de defesa ou ataque, tem de ser claramente entendido e plenamente expressado. Isso vale também para os kata na sua totalidade, pois cada um deles tem características próprias.

4. *Consciência do alvo*. O karateca tem de saber qual é o alvo e quando executar uma técnica.

5. *Ritmo e senso do momento oportuno.* O ritmo tem de ser apropriado a cada kata em particular e o corpo precisa estar flexível, nunca tenso demais. Lembre-se dos três fatores do uso correto da força, da rapidez ou da lentidão na execução das técnicas e do estiramento e contração dos músculos.

6. *Respiração adequada.* A respiração deve ser alterada de acordo com a situação, mas basicamente deve-se inspirar ao fazer o bloqueio e expirar ao executar uma técnica de arremate, e inspirar e expirar ao executar técnicas sucessivas.

Com relação à respiração, há o *kiai*, que ocorre em meio ou ao término do kata, no momento da tensão máxima. A expiração muito intensa e a contração do abdômen podem dotar os músculos de uma força extra.

Bassai e Kankū

Bassai e Kankū representam os kata Shōtōkan.

O Bassai ensina a serenidade e a agilidade, a força e a mudança, técnicas rápidas e lentas, a dinâmica da força, a transformação da desvantagem em vantagem e a mudança de bloqueios.

Com o Kankū aprendem-se técnicas rápidas e lentas, a dinâmica da força, a flexibilidade do corpo, rotação, salto e queda.

É importante aprendê-los depois de dominar os fundamentos por meio dos kata Heian e Tekki, uma vez que ambos fazem parte dos programas da Associação Japonesa de Karatê. Por mais exaustiva que possa ser a prática desses kata, lembre-se sempre de que você pode dominá-los.

Ritmo

BASSAI

1 · 2 · 3 4 · 5 6 · 7 8 9 10·11 12·13 14 15 16·17 18 19 20

21 22 23·24 25 26 27 28 29·30 ·31 32 33 34 35 36 37 38 39

40 41 42▲

KANKŪ

1 · 2 3 · 4 5 6 · 7 8 · 9 10·11 12 13 14 15▲ 16 17·18·19 20

21 22·23·24 25 26·27·28 29·30·31 32 33 34 35 36

37·38 39·40·41 42·43 44 45 46·47 48·49·50 51·52 53 54 55·56

57 58 59 60·61 62 63 64·65▲

⌣⌣	contínuo, rápido	— vigorosamente
⌢	forte, contínuo, rápido	⌣ lenta, vigorosamente
⌣	forte	▲ ▲ pausa
◀	cada vez mais forte	✿ kiai

1
BASSAI

Da reverência ao yōi

A partir de *shizen-tai*, leve o pé esquerdo meio passo para dentro; em seguida, o pé direito. Envolva levemente o punho direito com a mão esquerda.

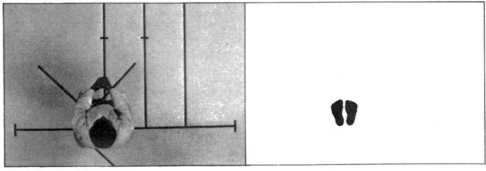

Heisoku-dachi

1 *Migi chūdan uchi uke*
Hidari shō migi tekubi yoko ni soeru

Bloqueio de nível médio à direita, de dentro para fora/palma esquerda junto ao pulso direito. Salte meio passo para a frente. Pé esquerdo atrás do tornozelo direito.

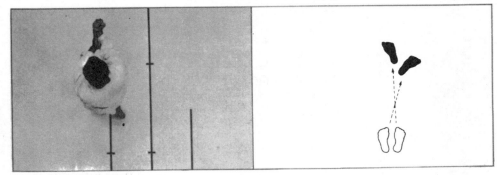

1. *Migi ashi mae kōsa-dachi*

2. Hidari chūdan uchi uke

Bloqueio de nível médio à esquerda, de dentro para fora Com a perna direita como pivô, bloqueie ao girar os quadris para a esquerda.

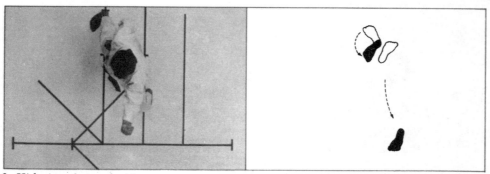

2. Hidari zenkutsu-dachi

3 *Migi chūdan uchi uke*

Bloqueio de nível médio à direita, de dentro para fora

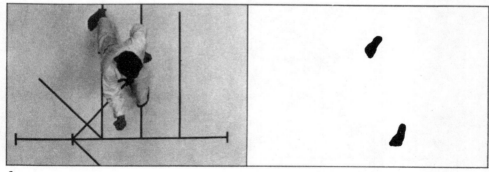

3.

4. Hidari chūdan soto uke

Bloqueio de nível médio à esquerda, de fora para dentro Com a perna esquerda como pivô, inverta a direção girando os quadris para a direita.

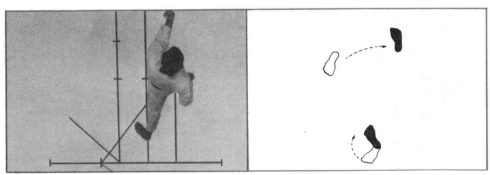

4. Migi zenkutsu-dachi

5. *Migi chūdan uchi uke*

Bloqueio de nível médio à direita, de dentro para fora

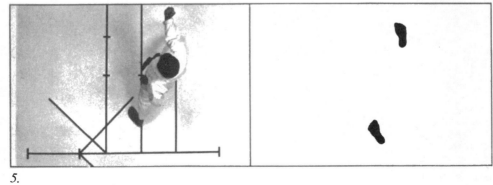

5.

6. Migi chūdan soto uke

Bloqueio de nível médio à direita, de fora para dentro Em arco, leve o pé direito para perto do esquerdo. Bloqueie com a lateral do polegar do pulso direito, num movimento amplo para baixo; daí para a frente desde o ombro direito.

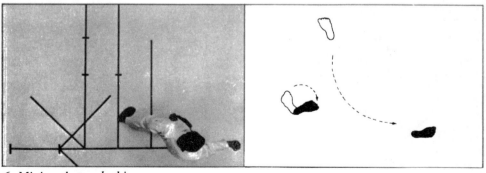

6. *Migi zenkutsu-dachi*

7 Hidari chūdan uchi uke
Gyaku hanmi

Bloqueio de nível médio à esquerda, de dentro para fora/Posição invertida semivoltada para a frente Gire os quadris para a direita.

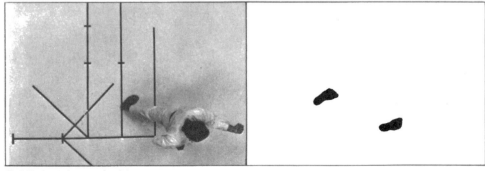

7. Migi zenkutsu-dachi

8. *Ryō ken migi koshi kamae*

Kamae de ambos os punhos à direita Punho esquerdo (dorso voltado para a frente) sobre o punho direito (dorso voltado para baixo). Olhe para a frente, joelhos retos.

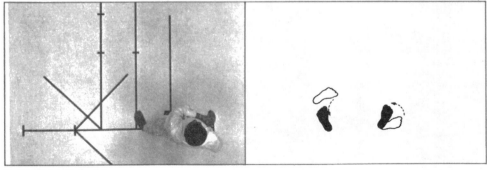

8. Hachinoji-dachi

9 Hidari tate shutō chūdan uchi uke

Bloqueio de nível médio à esquerda com a mão em espada vertical, de dentro para fora Descreva lentamente um arco para a frente, esticando o cotovelo.

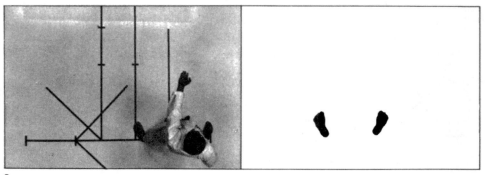

9.

10 — Migi ken chūdan choku-zuki

Soco direto no nível médio com o punho direito

10.

11 Migi chūdan uchi uke

Bloqueio de nível médio à direita, de dentro para fora Mantenha os pés no lugar, gire os quadris para a esquerda. Endireite o joelho direito.

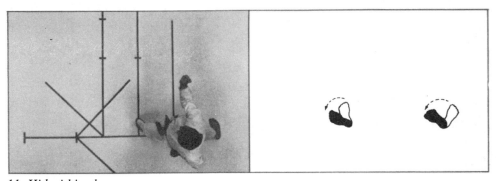

11. Hidari hiza kussu

12 *Hidari ken chūdan choku-zuki*

Soco direto no nível médio com o punho esquerdo

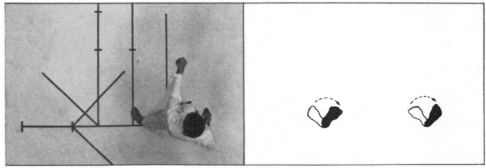

12. Hachinoji-dachi

13 *Hidari chūdan uchi uke*

Bloqueio de nível médio à esquerda, de dentro para fora Gire os quadris para a direita.

13. *Migi hiza kussu*

14 — Migi shutō chūdan uke

Bloqueio de nível médio com a mão direita em espada Com a perna esquerda como pivô, gire os quadris para a esquerda.

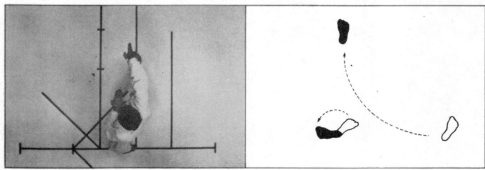

14. Hidari kōkutsu-dachi

15. Hidari shutō chūdan uke

Bloqueio de nível médio com a mão esquerda em espada Deslize o pé esquerdo um passo à frente.

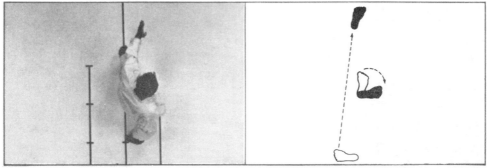

15. Migi kōkutsu-dachi

16 *Migi shutō chūdan uke*

Bloqueio de nível médio com a mão direita em espada Deslize o pé direito um passo à frente.

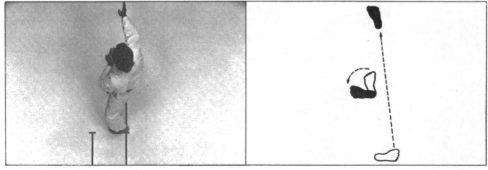

16. *Hidari kōkutsu-dachi*

17 Hidari shutō chūdan uke

Bloqueio de nível médio com a mão esquerda em espada. Leve o pé direito um passo para trás.

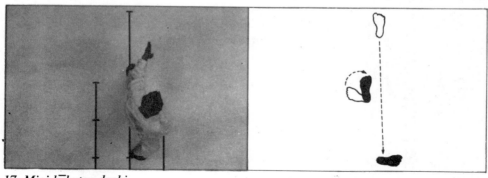

17. Migi kōkutsu-dachi

18 | *Ryō shō tsukami uke*

Bloqueio agarrando com ambas as mãos As palmas para baixo. Com a mão direita, faça um arco para a frente, partindo do local abaixo do cotovelo esquerdo.

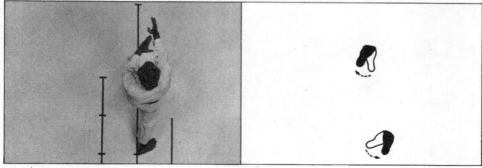

18. *Hidari mae hiza yaya kussu*

19 Ryō shō tsukamiyose
Migi sokutō gedan kekomi

Agarrando e puxando com as duas palmas/ Chute de estocada de nível inferior com o pé direito em espada Ambas as palmas para baixo.

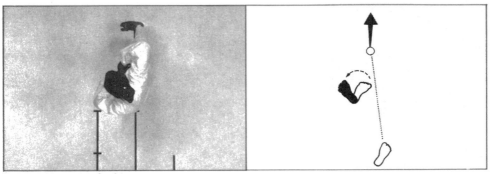

19. Hidari ashi-dachi

20. Hidari shutō chūdan uke

Bloqueio de nível médio com a mão esquerda em espada. Gire os quadris para a esquerda. Baixe a perna de chute ao virar para trás.

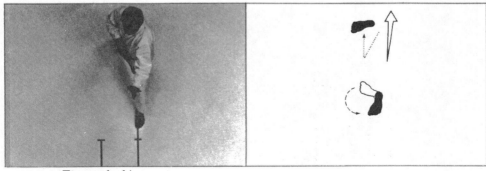

20. Migi kōkutsu-dachi

21 *Migi shutō chūdan uke*

Bloqueio de nível médio com a mão direita em espada Mova o pé direito um passo à frente.

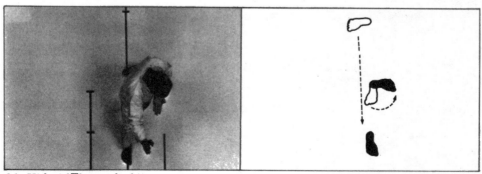

21. *Hidari kōkutsu-dachi*

22. Morote jōdan uke

Bloqueio de nível superior com ambas as mãos Dorso de ambos os punhos para trás. Toque as mãos acima da face ao mesmo tempo que recua totalmente o pé.

22. Heisoku-dachi

23. Ryō kentsui chūdan hasami-uchi

Golpe em tesoura de nível médio com ambos os punhos em martelo Deslize o pé direito um passo à frente.

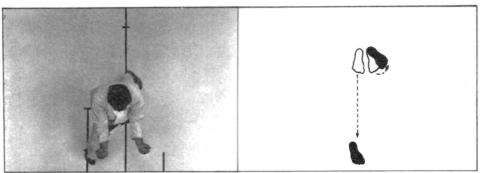

23. Migi zenkutsu-dachi

24 | *Migi ken chūdan-zuki*
Sono mama yori-ashi

Soco no nível médio com o punho direito (yori-ashi). Deslize os pés para a frente

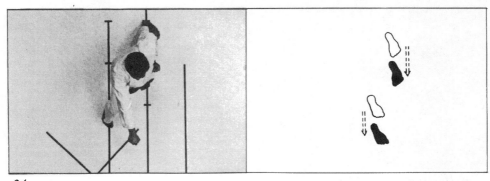

24.

25a Migi shutō gedan uchi-komi
Hidari shō migi kata ue nagashi-uke

Golpe no nível inferior com a mão direita em espada/Bloqueio de varredura de nível superior, mão esquerda no ombro direito A perna direita é pivô.

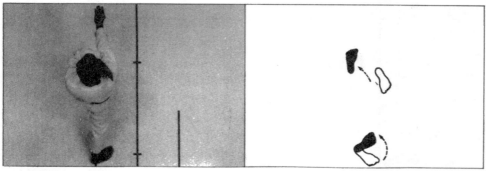

25a. Hidari mae hiza kussu

25 b *Migi ken migi sokumen jōdan uchi uke*
Hidari ken hidari sokumen gedan uke

Bloqueio de nível superior, de dentro para fora, para a direita com o punho direito/Bloqueio para baixo e para a esquerda com o punho esquerdo Só o rosto para a frente.

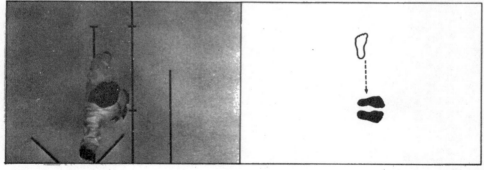

25b. Heisoku-dachi

26. *Migi ken migi sokumen gedan uke*

Bloqueio para baixo e para a direita com o punho direito Perna esquerda como pivô, gire os quadris para a esquerda.

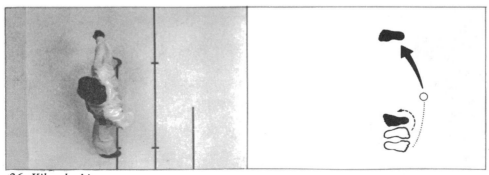

26. *Kiba-dachi*

27. Hidari shō hidari sokumen chūdan kake-uke

Bloqueio em gancho de nível médio para a esquerda com a palma esquerda   Cruze os braços na frente do tórax.

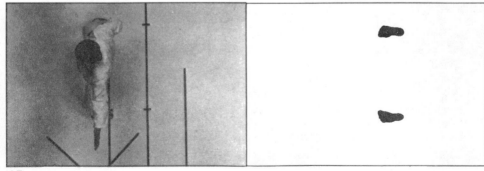

27.

28a Migi mikazuki-geri

Chute crescente à direita Levante bem o joelho direito. Chutando num movimento em forma de lua crescente, toque a palma esquerda com a sola do pé direito.

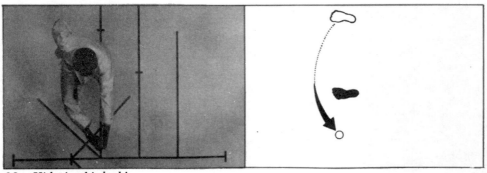

28a. Hidari ashi-dachi

28 b *Migi empi chūdan mae uchi*

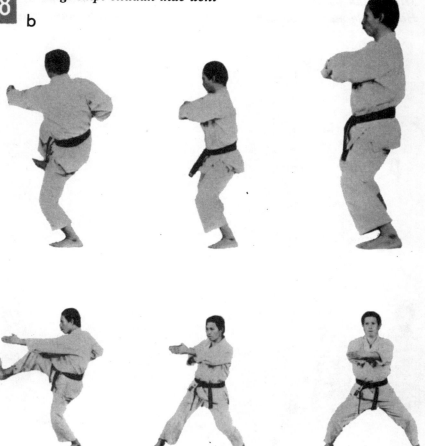

Golpe no nível médio para a frente com o cotovelo direito Mantendo a mão esquerda no lugar, toque a palma esquerda com o cotovelo direito.

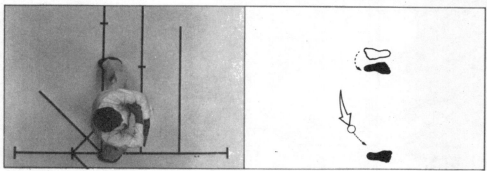

28b. Kiba-dachi

29 *Migi gedan barai*
Hidari ude mune mae kamae

30 *Hidari gedan barai*
Migi ude mune mae kamae

Bloqueio para baixo à direita/Kamae do
braço esquerdo diante do tórax

Bloqueio para baixo à esquerda/Kamae
do braço direito diante do tórax

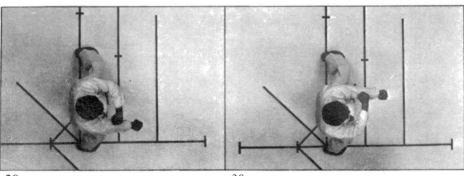

29.   30.

31 *Migi gedan barai*
Hidari ude mune mae kamae

Bloqueio para baixo à direita/Kamae do braço esquerdo diante do tórax Dorso de ambos os punhos para a frente. Basicamente, como o movimento anterior.

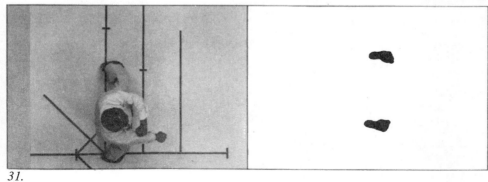

31.

32 *Ryō ken hidari koshi kamae*

Kamae de ambos os punhos à esquerda Punho direito (dorso para a frente) sobre o esquerdo (dorso para baixo). Com os pés no lugar, gire os quadris para a direita.

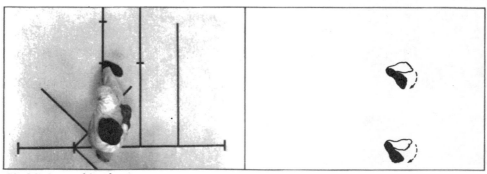

32. *Migi mae hiza kussu*

33 *Yama-zuki (Hidari ken jōdan-zuki/Migi ken gedan ura-zuki)*

Soco em U amplo (Soco no nível superior com o punho esquerdo/Soco de perto no nível inferior com o punho direito)

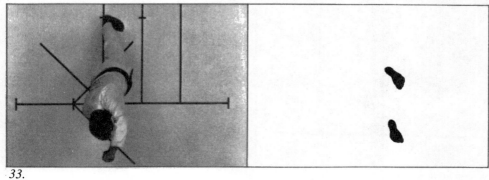

33.

34 *Ryō ken migi koshi kamae*

Kamae de ambos os punhos à direita Punho esquerdo em cima. Leve o pé direito para a esquerda.

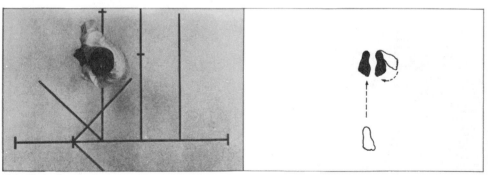

34. Heisoku-dachi

35. Yama-zuki (Migi ken jōdan-zuki/Hidari ken gedan ura-zuki)

Soco em U amplo (Soco no nível superior com o punho direito/Soco de perto no nível inferior com o punho esquerdo)

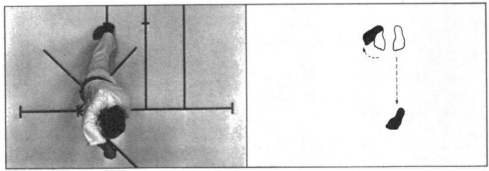

35. Hidari mae hiza kussu

36 Ryō ken hidari koshi kamae

Kamae de ambos os punhos à esquerda   Recue o pé esquerdo para junto do direito.

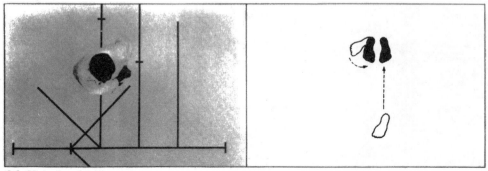

36. Heisoku-dachi

37 *Yama-zuki (Hidari ken jōdan-zuki/Migi ken gedan ura-zuki)*

Soco em U amplo (Soco no nível superior com o punho esquerdo/Soco de perto no nível inferior com o punho direito)

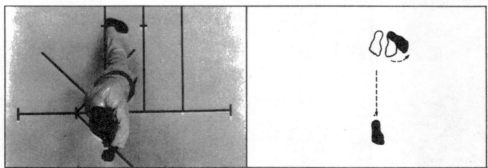

37. Migi mae hiza kussu

38 *Migi gedan sukui-uke*

Bloqueio com a mão em concha para baixo à direita Com a perna direita como pivô, gire os quadris vigorosamente à esquerda, com o ombro esquerdo para trás e

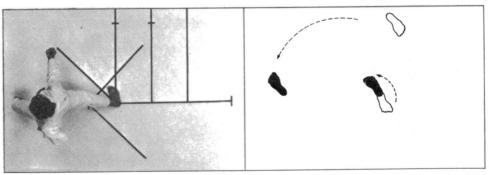

38. *Hidari hiza kussu*

o direito para a frente Gire o punho direito num movimento amplo desde o ombro esquerdo (dorso para a frente), e depois diretamente à frente (dorso para baixo).

39 *Hidari gedan sukui-uke*

Bloqueio em concha para baixo à esquerda Com os pés no lugar, gire os quadris para a direita.

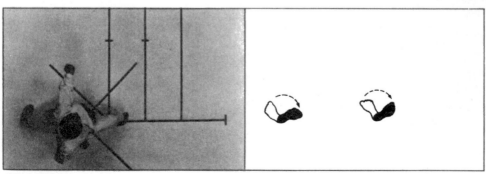

39. *Migi hiza kussu*

40 *Migi shutō chūdan uke*

Bloqueio de nível médio com a mão direita em espada Leve o pé esquerdo para baixo do corpo, gire os quadris à esquerda, e o pé direito para a frente, em diagonal.

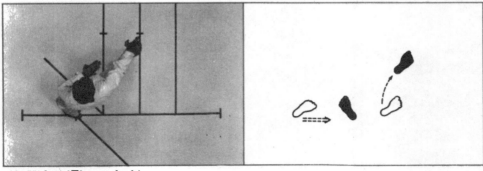

40. *Hidari kōkutsu-dachi*

41 *Sono mama no taisei*

Parte superior do corpo conforme a foto Com a perna esquerda como pivô, vire a mão direita e a perna direita para a direita, e a cabeça para a esquerda, em diagonal.

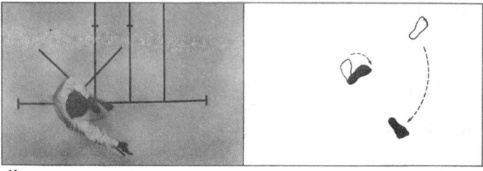

41.

42 Hidari shutō chūdan uke

Bloqueio de nível médio com a mão esquerda em espada   Recue a perna esquerda meio passo.

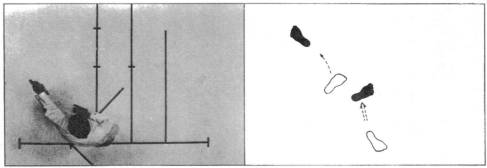

42. Migi kōkutsu-dachi

Yame

Recue a perna esquerda, retorne à posição de prontidão.

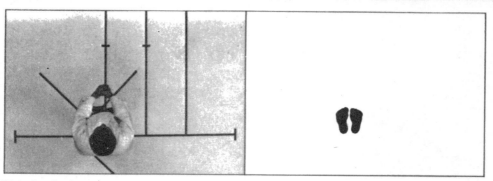

Heisoku-dachi

BASSAI: PONTOS IMPORTANTES

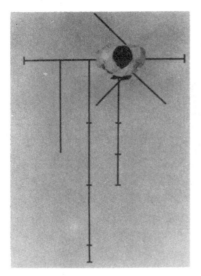

O kata *Bassai* recebe esse nome porque pressupõe o espírito e a força necessários para investir contra a guarda do inimigo. Ele precisa ser cheio de vitalidade, mas, se não tiver uma dignidade imponente, suas características especiais não se manifestarão. Bassai e Kankū são jóias preciosas entre os kata do Shōtōkan. Depois de aprender os fundamentos com os kata básicos, este deve ser dominado a todo custo.

Aprenda a usar os opostos: tranqüilidade e agilidade, força e mudança, técnicas rápidas e lentas, aplicações leves e pesadas da força. Do contrário, o kata não será eficaz.

A *embusen* tem a forma de T.

Quarenta e dois movimentos. Cerca de um minuto.

1. Bloqueio agarrando com ambas as palmas (Movimento 18): Os dois pés no lugar, com a sensação de que os calcanhares estão voltados ligeiramente para fora. Gire os quadris para a esquerda. Vire a parte superior do corpo; ombro direito para a frente. Bloqueie, deslocando o braço direito de debaixo do braço esquerdo.
2. Agarrando e puxando com as duas palmas: Com o pé direito em espada, chute forte na diagonal. Simultaneamente, una os dois punhos (dorsos voltados para cima) na frente do lado direito do tórax; afaste-os com força.

3. Golpe em tesoura no nível médio com ambos os punhos em martelo: Bloqueando o soco de punho duplo do oponente com as duas mãos, baixe os braços imediatamente e avance (*fumidashi*). Golpeie as laterais do corpo do oponente com os punhos em martelo num movimento em pinça. Abra os braços o menos possível, mas com força. Se abrir demais os braços, o adversário pode desferir o mesmo tipo de ataque.
4. Chute crescente: No chute crescente à direita, levante o joelho ao máximo, com a sensação de virar o pé direito. Evite levantar a mão esquerda ou trazê-la para perto do pé. Mantenha a mão esquerda no lugar.
5. Movimentos 29, 30 e 31: Postura e cotovelos como na foto. No momento de golpear para baixo com o punho direito, mantenha o punho esquerdo no lugar (dorso de ambos os punhos para a frente) diante do tórax. Alterne os punhos.

6. *Yama-zuki* (Movimentos 33-37): Este é um contra-ataque para o caso, por exemplo, de você ser agarrado pelos cabelos. Sem tentar livrar a cabeça, gire o corpo como se fosse cair para o lado. Fixe os olhos no adversário e contra-ataque com um golpe no abdômen e logo abaixo do nariz ao mesmo tempo.

7. Bloqueio em concha para baixo (Movimentos 38 e 39): Logo depois de bloquear o pé do oponente com a lateral do polegar do pulso (dorso do punho para a frente), você deve dar a impressão de desistir do bloqueio (dorso do punho para baixo).

8. Mudança de direção (Movimento 4): Devido à mudança de direção para reagir a um oponente que está à frente, na diagonal, bloqueie com a mão em espada ao mesmo tempo que leva o pé esquerdo diretamente para baixo do torso. Esse é o mesmo princípio do Movimento 7 de Heian 2.

2
KANKŪ

Da saudação ao yōi

Lenta e tranqüilamente una as mãos, colocando as pontas dos dedos da mão direita sobre a mão esquerda.

Shizen-tai

1 *Ryō shō kasaneta mama hitai naname ue ni*

Mãos unidas diagonalmente acima da testa Ambas as palmas voltadas para fora. Olhe para o céu por entre os dedos.

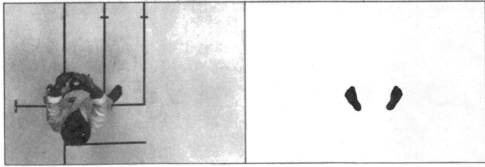

1. Hachinoji-dachi

2. *Ittan ryō shō sayū ni hiraki* / *Ryō shō kafukubu mae e*

Abra as mãos para os lados/As duas mãos na frente do abdômen Forçando por um instante, e em seguida natural e calmamente, baixe as mãos.

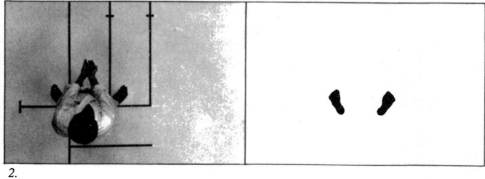

2.

Endireite os cotovelos suave e tranqüilamente. Leve as palmas em diagonal para fora, a direita na frente da esquerda.

3. *Hidari haiwan hidari sokumen jōdan uke*
Migi shō mune mae kamae

Bloqueio de nível superior à esquerda com o lado superior do antebraço/Kamae da palma direita diante do tórax Palma esquerda voltada para a frente.

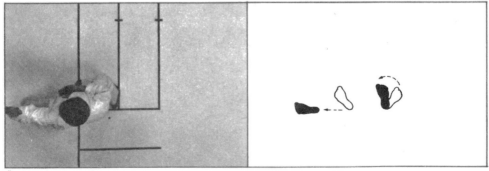

3. *Migi kōkutsu-dachi*

4 *Migi haiwan migi sokumen jōdan uke
Hidari shō mune mae kamae*

Bloqueio de nível superior à direita com o lado superior do antebraço direito/Kamae da palma esquerda na frente do tórax Movimentos 3 e 4 bem rápidos.

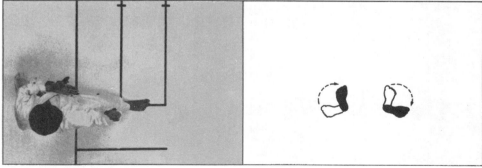

4. Hidari kōkutsu-dachi

5. Hidari tate shutō chūdan uchi uke
Migi ken migi koshi

Bloqueio de nível médio, de dentro para fora, com a mão esquerda em espada na vertical/Punho direito à direita Com os pés no lugar, endireite os joelhos.

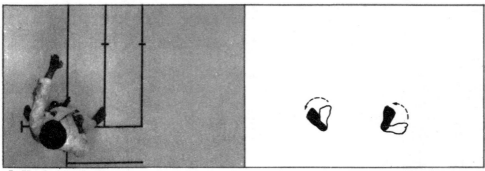

5. Hachinoji-dachi

6. Migi ken chūdan choku-zuki

Soco direto no nível médio com o punho direito

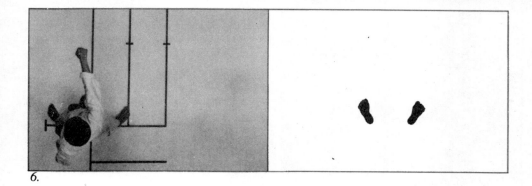

6.

7 *Migi chūdan uchi uke*

Bloqueio de nível médio à direita, de dentro para fora Descreva um círculo usando o cotovelo como centro. Não ponha força no cotovelo direito.

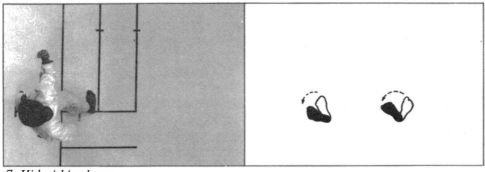

7. *Hidari hiza kussu*

8 *Hidari chūdan choku-zuki*

Soco direto no nível médio à esquerda Gire os quadris para a direita.

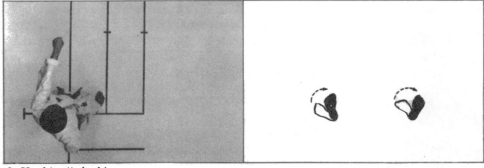

8. Hachinoji-dachi

9 · Hidari chūdan uchi uke

Bloqueio de nível médio à esquerda, de dentro para fora

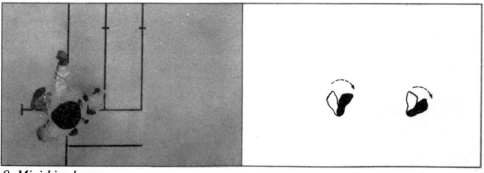

9. Migi hiza kussu

10. Ryō ken hidari koshi kamae

Kamae de ambos os punhos à esquerda Punho direito (dorso para a frente) sobre o punho esquerdo (dorso para baixo).

10. Hidari ashi-dachi

11. Migi uraken jōdan yoko mawashi-uchi / Migi yoko keage

Golpe horizontal no nível superior com o dorso do punho direito/Chute explosivo à direita

11.

12. Hidari shutō chūdan uke

Bloqueio de nível médio com a mão esquerda em espada Baixe o pé de chute e vire-se para trás

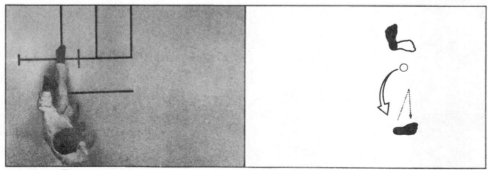

12. Migi kōkutsu-dachi

13 — Migi shutō chūdan uke

Bloqueio de nível médio com a mão direita em espada. Dê um passo à frente.

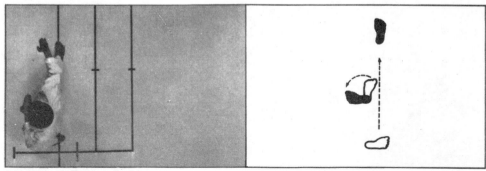

13. Hidari kōkutsu-dachi

14. Hidari shutō chūdan uke

Bloqueio de nível médio com a mão esquerda em espada. Avance um passo à frente.

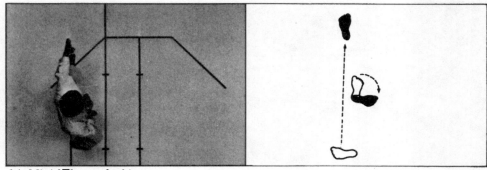

14. Migi kōkutsu-dachi

15 Migi nukite chūdan-zuki / Hidari shō osae-uke

Soco no nível médio com a mão direita em lança/Bloqueio pressionado com a palma esquerda Dê um passo à frente.

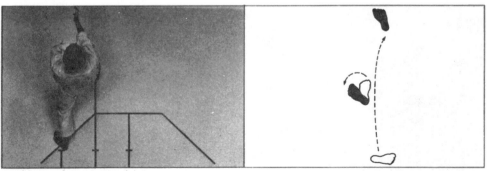

15. Migi zenkutsu-dachi

16 Migi shutō jōdan yoko mawashi-uchi
Hidari shō hitai mae jōdan uke/Gyaku hanmi

Golpe horizontal no nível superior com a mão direita em espada/Bloqueio de nível superior, palma esquerda à frente da testa/Posição invertida semivoltada para a frente

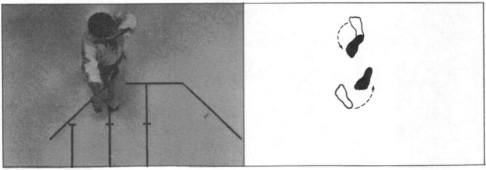

16. Hidari mae hiza yaya kussu

17 Jōtai sono mama
Migi mae keage

Parte superior do corpo como na foto/Chute explosivo à frente com a perna direita

---

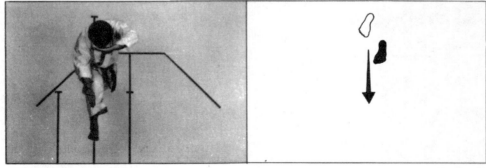

17. Hidari ashi-dachi

18 *Migi ken migi sokumen jōdan uchi uke*
Hidari ken hidari sokumen gedan uke

Bloqueio de nível superior, de dentro para fora, para a direita com o punho direito/Bloqueio para baixo, para a esquerda com o punho esquerdo

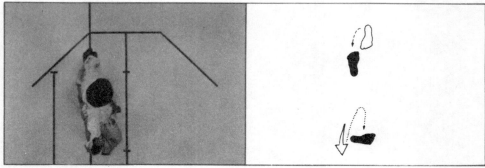

18. Migi kōkutsu-dachi

19

Migi shutō gedan uchi-komi
Hidari shō migi kata ue nagashi-uke

Golpe no nível inferior com a mão direita em espada/Bloqueio varrendo, palma esquerda no ombro direito Palma esquerda em diagonal para cima.

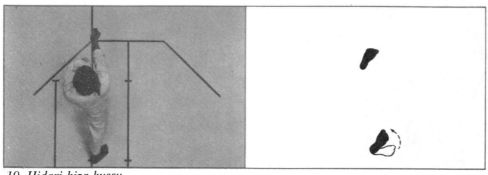

19. Hidari hiza kussu

20. Hidari ken gedan ni nobasu / Migi ken migi koshi

Punho esquerdo estendido para baixo/Punho direito no lado direito Execute o movimento lentamente, como se estivesse torcendo alguma coisa.

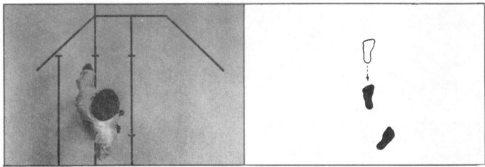

20. Hidari mae shizen-tai

21

Migi shutō jōdan yoko mawashi-uchi
Hidari shō hitai mae jōdan uke

Golpe horizontal no nível superior com a mão direita em espada/Bloqueio de nível superior, palma esquerda à frente da testa/Posição invertida semivoltada para a frente

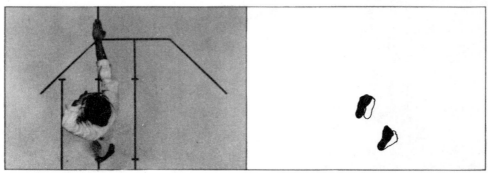

21. Hidari hiza kussu

22 *Jotai sono mama
Migi mae keage*

Parte superior do corpo como na foto/Chute explosivo para a frente com o pé direito

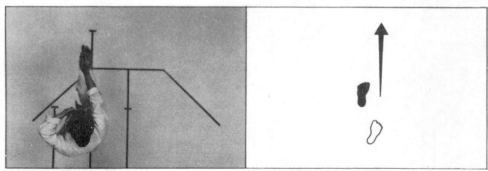

22. Hidari ashi-dachi

23. *Migi ken migi sokumen jōdan uchi uke / Hidari ken hidari sokumen gedan uke*

Bloqueio de nível superior, de dentro para fora, para a direita com o punho direito/Bloqueio para baixo, para a esquerda com o punho esquerdo

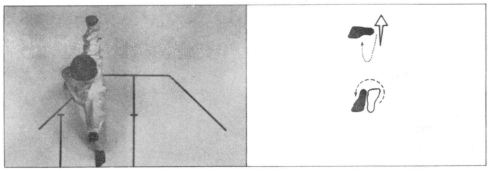

23. Migi kōkutsu-dachi

24. Migi shutō gedan uchi-komi
Hidari shō migi kata ue nagashi-uke

Golpe no nível inferior com a mão direita em espada/Bloqueio varrendo, palma esquerda ao ombro direito Pés na mesma posição.

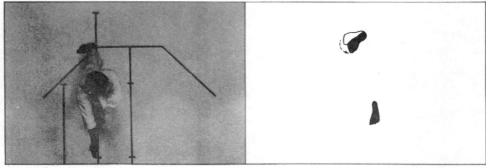

24. Hidari hiza kussu

| 25 | *Hidari ken gedan ni nobasu Migi ken migi koshi* | 26 | *Ryō ken migi koshi kamae/Hidari ken migi ken ue* |

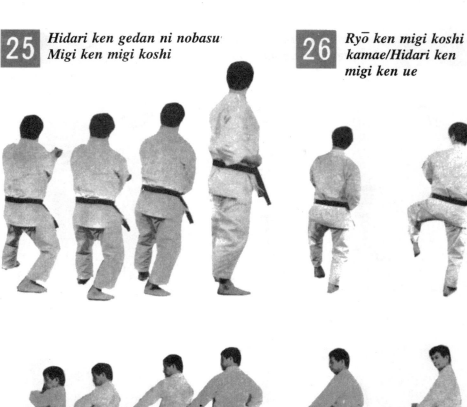

Punho esquerdo estendido para baixo/Punho direito no lado direito   *Kamae de ambos os punhos à direita*

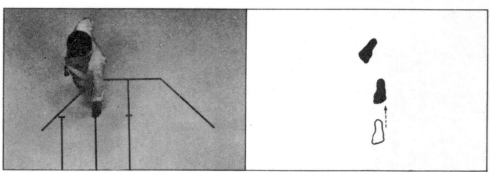

25. *Hidari mae shizen-tai*

27 Hidari uraken jōdan yoko mawashi-uchi
Hidari yoko keage

Golpe horizontal no nível superior com o dorso do punho esquerdo/Chute explosivo à esquerda

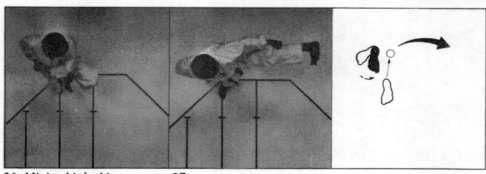

26. Migi ashi-dachi   27.

28 *Migi empi mae uchi*

Golpe com o cotovelo direito para a frente Golpeie a palma direita.

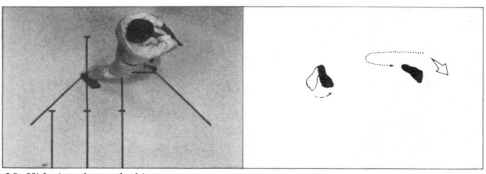

28. *Hidari zenkutsu-dachi*

29 Ryō ken hidari koshi

Os punhos no lado esquerdo Gire os quadris para a direita, face para a direita.

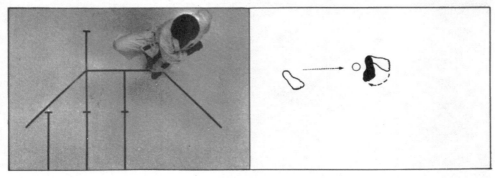

29. *Hidari ashi-dachi*

30. Migi uraken jōdan yoko mawashi-uchi/ Migi yoko keage

Golpe horizontal no nível superior com o dorso do punho direito/Chute explosivo à direita

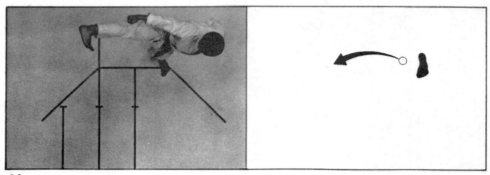

30.

31. Hidari empi mae uchi

Golpe com o cotovelo esquerdo para a frente

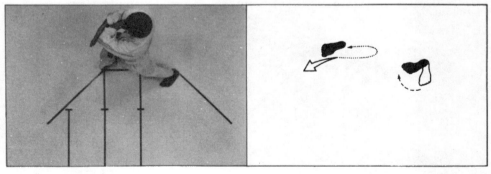

31. Migi zenkutsu-dachi

32 Hidari shutō uke

Bloqueio com a mão esquerda em espada Com os pés no lugar, gire os quadris para a esquerda; face voltada para trás.

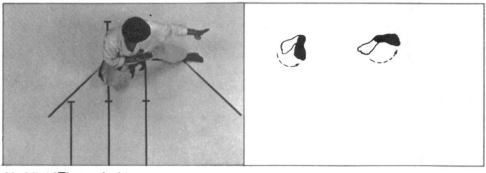

32. Migi kōkutsu-dachi

33 Migi shutō uke

Bloqueio com a mão direita em espada Com a perna esquerda como pivô, avance a perna direita em diagonal.

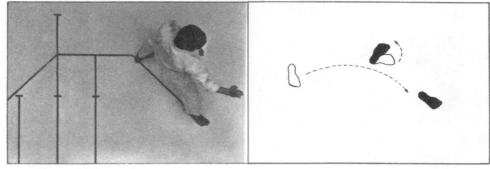

33. Hidari kōkutsu-dachi

34 Migi shutō uke

Bloqueio com a mão direita em espada Com a perna esquerda como pivô, gire os quadris para a direita.

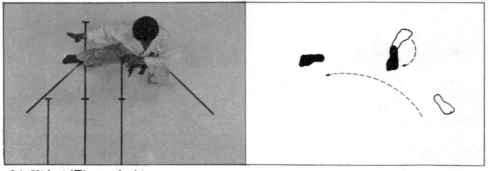

34. Hidari kōkutsu-dachi

35   *Hidari shutō uke*

Bloqueio com a mão esquerda em espada   Com a perna direita como pivô, avance a perna esquerda em diagonal.

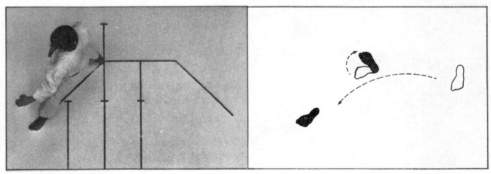

35. *Migi kōkutsu-dachi*

36. Migi shutō jōdan yoko mawashi-uchi / Hidari shō hitai mae jōdan uke

Golpe horizontal no nível superior com a mão direita em espada/Bloqueio de nível superior, palma esquerda à frente da testa/Posição invertida semivoltada para a frente

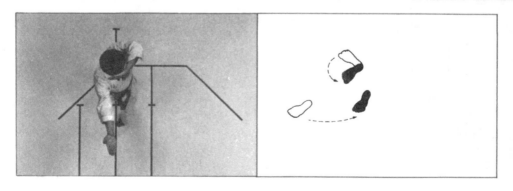

36. Hidari hiza kussu

37. Migi mae keage

Chute explosivo para a frente com o pé direito

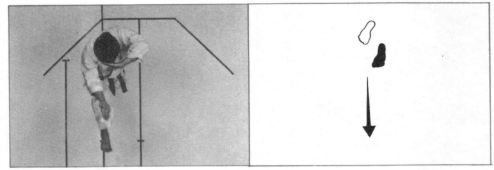

37. Hidari ashi-dachi

38. Migi uraken tate mawashi-uchi / Hidari ken hidari koshi

Golpe vertical com o dorso do punho direito/Punho esquerdo no lado esquerdo   Gire ambos os punhos verticalmente.

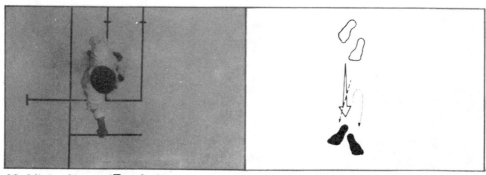

38. Migi ashi mae kōsa-dachi

39 Migi chūdan uchi uke

Bloqueio de nível médio à direita, de dentro para fora Mantendo o cotovelo no lugar, mova o punho direito para a direita desde debaixo do cotovelo esquerdo.

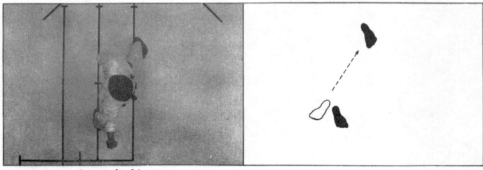

39. *Migi zenkutsu-dachi*

40 *Hidari chūdan choku-zuki*

Soco direto no nível médio com a mão esquerda

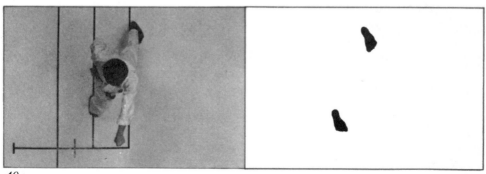

40.

41 *Migi chūdan choku-zuki*

Soco direto no nível médio com a mão direita

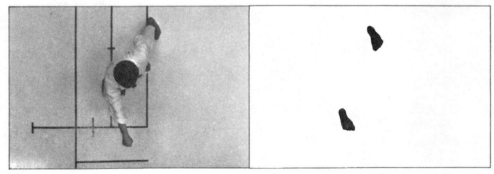

41.

42 *Migi ura-zuki/Hidari shō migi tekubi yoko-zoe Migi hiza ate*

Soco de perto com a direita/Palma esquerda no pulso direito/Golpe com o joelho direito Gire os quadris para a esquerda, vire-se para trás.

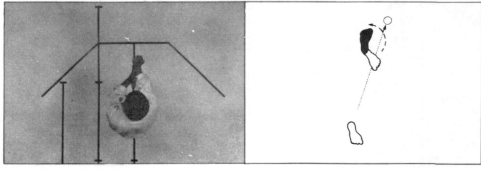

42. *Hidari ashi-dachi*

43 *Ryō shō hiji tate-fuse*

Ambas as mãos; proteção com os cotovelos Pé direito à frente, vá ao chão, mãos voltadas para dentro. O olhar estendendo-se até cerca de quatro metros à frente.

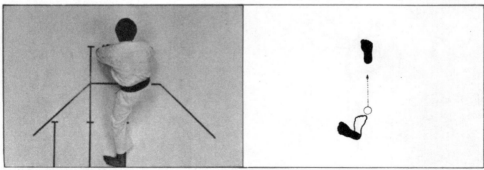

43. *Migi ashi mae fuse*

44 Hidari shutō gedan barai
Migi shutō mune mae kamae

Bloqueio para baixo com a mão esquerda em espada/Kamae da mão direita em espada na frente do peito Palma direita para cima, palma esquerda para baixo.

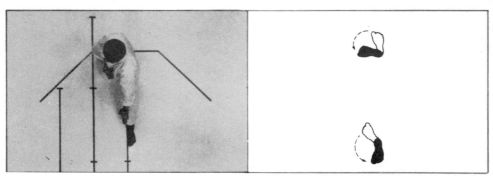

44. Migi kōkutsu-dachi (hikume)

45 *Migi shutō uke*

Bloqueio com a mão direita em espada Mova a perna direita um passo à frente.

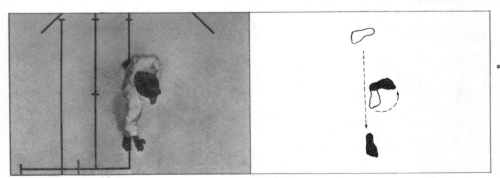

45. *Hidari kōkutsu-dachi*

46 Hidari chūdan uchi uke

Bloqueio de nível médio à esquerda, de dentro para fora   Com a perna esquerda como pivô, gire os quadris para a esquerda.

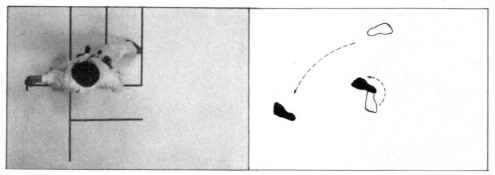

46. Hidari zenkutsu-dachi

47. Migi chūdan choku-zuki

Soco direto no nível médio com a mão direita

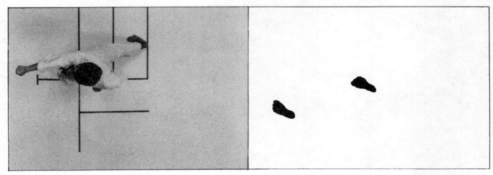

47.

48 *Migi chūdan uchi uke*

Bloqueio de nível médio à direita, de dentro para fora Gire os quadris para a direita.

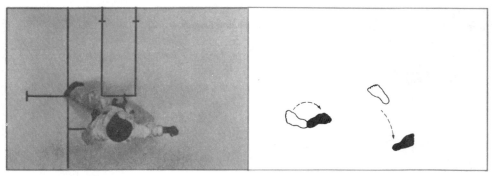

48. *Migi zenkutsu-dachi*

49 *Hidari chūdan choku-zuki*	**50** *Migi chūdan choku-zuki*

Soco direto no nível médio à esquerda   *Soco direto no nível médio à direita*

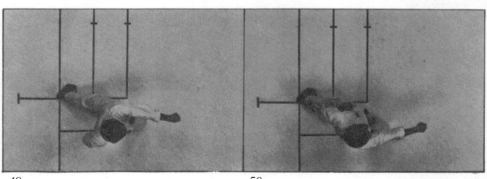

49.   50.

51. Ryō ken hidari koshi

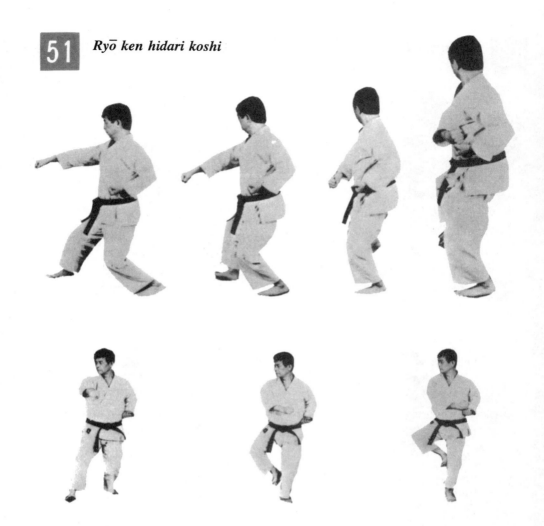

Ambos os punhos no lado esquerdo Com a parte superior do corpo conforme a foto, levante o pé direito até a altura do joelho esquerdo.

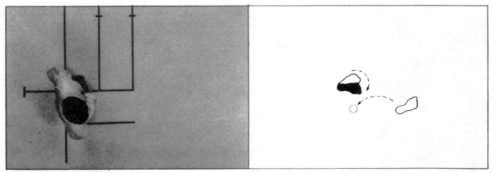

51. Hidari ashi-dachi

52. Migi uraken jōdan yoko mawashi-uchi / Migi yoko keage

Golpe horizontal no nível superior com o dorso do punho direito/Chute explosivo para a direita

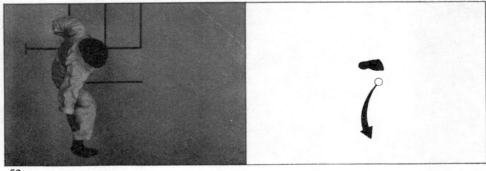

52.

53 *Hidari shutō uke*

Bloqueio com a mão esquerda em espada Gire os quadris para a esquerda, face voltada para trás. Leve o pé de chute para trás.

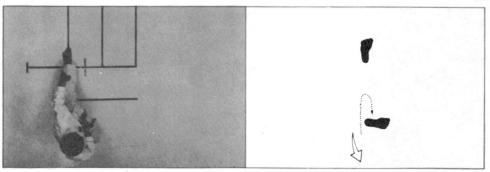

53. *Migi kōkutsu-dachi*

54. Migi nukite chūdan-zuki / Hidari shō osae-uke

Soco no nível médio com a mão direita em lança/Bloqueio pressionando com a palma esquerda Palma esquerda debaixo do cotovelo direito. Avance o pé direito.

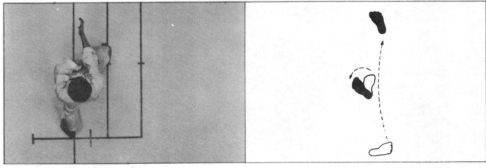

54. Migi zenkutsu-dachi

55 Hidari uraken tate mawashi-uchi
Migi ken migi koshi

Golpe vertical com o dorso do punho esquerdo/Punho direito no lado direito Com o pé direito como pivô, vire para a esquerda, alinhe os pés. Vire o pulso direito para a direita e com esse movimento como "centro" gire a parte superior do corpo.

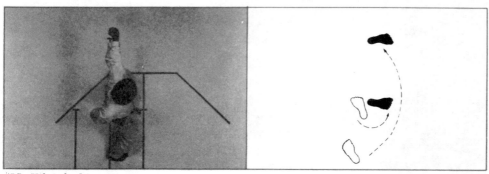

55. Kiba-dachi

56

**Hidari kentsui chūdan yoko uchi
Sono mama hidari ni yori-ashi**

Golpe horizontal no nível médio com o punho esquerdo em martelo/Yori-ashi para a esquerda Gire o punho esquerdo desde a parte da frente do ombro direito.

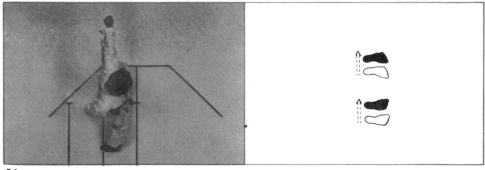

56.

57 *Migi empi mae uchi*

Golpe com o cotovelo direito para a frente   Golpeie a palma esquerda.

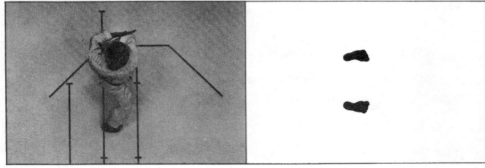

57.

58 *Ryō ken hidari koshi*

Ambos os punhos no lado esquerdo Punho direito (dorso para a frente) em cima.

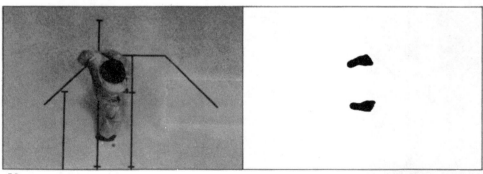

58.

59 *Migi gedan barai*

Bloqueio para baixo à direita

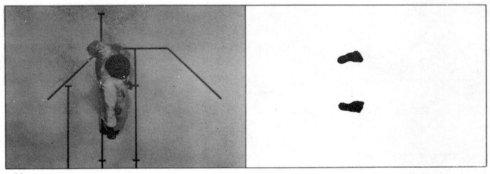

59.

60. Hidari ken gedan uke / Migi ken furiage

Bloqueio para baixo com o punho esquerdo/Giro para cima com o punho direito
Com a perna direita como pivô, gire os quadris para a direita num

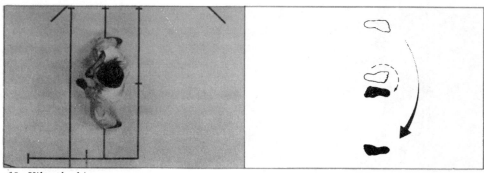

60. Kiba-dachi

movimento amplo. Levante bem o joelho esquerdo para um chute triturador vigoroso. Execute os movimentos das mãos simultaneamente com a rotação dos quadris.

61 *Migi ken otoshi-zuki*

Soco para baixo com o punho direito Leve o punho direito (dorso para fora) para trás do punho esquerdo, cruzando os pulsos.

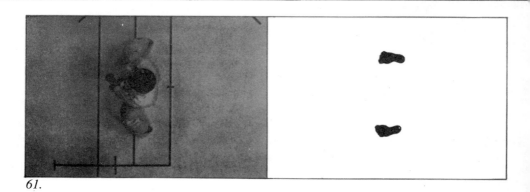

61.

62. Ryō shō atama ue kōsa uke

Bloqueio cruzado, ambas as mãos acima da cabeça Os dorsos das mãos estão de frente um para o outro. Endireite os joelhos para assumir o *shizen-tai*

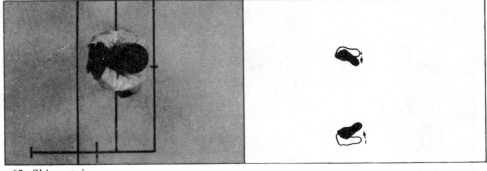

62. Shizen-tai

63. Ryō ken ago mae kōsa

Ambos os punhos se cruzam na frente do rosto Com a perna direita como pivô, gire os quadris para a direita, num movimento amplo. Junte os dois punhos e baixe-os lentamente.

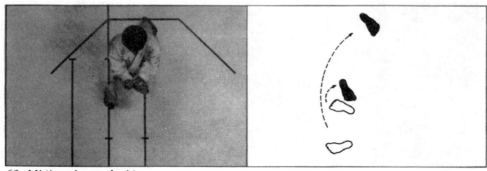

63. Migi zenkutsu-dachi

64 Nidan-geri

Chute em dois níveis

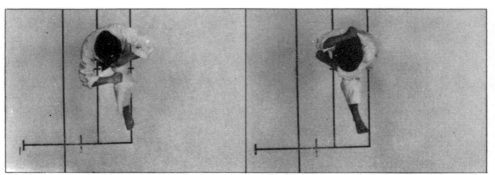

64.

65. Migi uraken tate mawashi-uchi / Hidari ken hidari koshi — Yame

Golpe vertical com o dorso do punho direito/Punho esquerdo no lado esquerdo

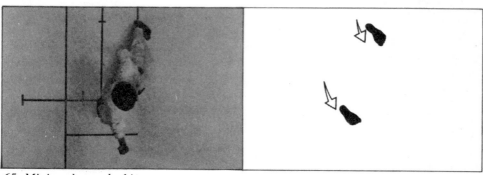

65. Migi zenkutsu-dachi

Num movimento complementar à ampla abertura inicial dos braços, efetue um amplo movimento circular de conclusão.

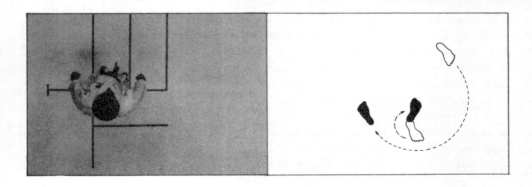

KANKŪ: PONTOS IMPORTANTES

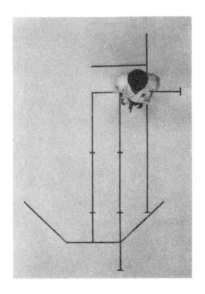

O kankū é um dos kata mais longos do karatê, e o seu nome atual deriva do primeiro e do segundo movimentos, "olhando para o céu". Seu nome anterior, Kūshankū, deve sua origem a Kung Siang Chün, membro de uma missão diplomática durante a dinastia Ming, e especialista em boxe chinês. Com esse kata, o praticante aprende a se defender de uma variedade de ataques desferidos por diversos adversários, provenientes de quatro e até de oito direções, pois ele é rico em variações. Esse é o kata cuja apresentação Gichin Funakoshi mais gostava de ver.

Naturalmente, ele compreende técnicas de tempo rápido e lento, a dinâmica da força e a expansão e contração do corpo. Dele o praticante deve também dominar as mudanças de direção, o salto e a queda.

A *embusen* tem uma forma de I, com a linha vertical estendendo-se acima da linha horizontal superior.

Sessenta e cinco movimentos. Aproximadamente, noventa segundos.

1. Movimentos 1 e 2: Movimentos para regular a respiração. Têm também o objetivo de mostrar que não se está armado e de proteger a virilha. É como se o karateca descrevesse um círculo amplo representando o céu.
2. Movimentos 10 e 11: Sem mover a parte superior do corpo, recue o pé esquerdo diretamente para baixo do corpo. Contra-ataque com um chute para o lado e um golpe com o dorso do punho no momento de mudar de direção. Esse é o mesmo Movimento 7 do Heian 2.
3. Movimentos 17, 18 e 19: Execute-os contínua e rapidamente. Para maior eficiência, use a surpresa para recuar a perna de chute. Gire os quadris com vigor e rapidez.
4. Movimento 38: Depois de saltar para a frente, apóie o peso do corpo sobre a perna direita flexionada, leve suavemente o pé esquerdo para trás do pé direito, para a posição dos pés cruzados. Simultaneamente, estenda a mão esquerda, como se fosse agarrar alguma coisa, e leve-a para junto do quadril. Golpeie para o nível superior com o dorso do punho direito, como se o deslizasse do abdômen ao peito. Movimentos da mão e do pé simultâneos. Esse movimento é igual ao Movimento 13 do Heian 4.

5. Movimento 42: Com a perna esquerda como pivô, inverta a direção e ao mesmo tempo levante bem o joelho direito. Levante os punhos em cada lado da coxa direita. Alinhe o punho esquerdo com o pulso direito e golpeie com os dois punhos (dorso do punho direito para baixo). O cotovelo direito fica acima do joelho direito, à distância aproximada da largura de um punho.

6. Movimento 43: Esta é a posição de proteção. Dobrando a perna direita, coloque ambas as mãos levemente no chão. Levante a cabeça como se fosse olhar para alguma coisa a cerca de quatro metros à frente. Cuidado para não levantar demais os quadris. Continue rapidamente do Movimento 42 para o 43.

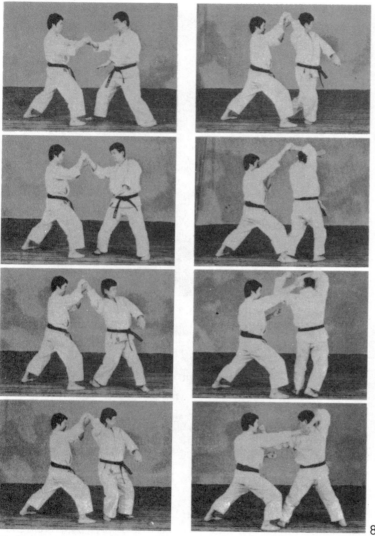

7. Movimento 51: Como você girou os quadris no Movimento 50, eles já estão em posição para o chute lateral. Sem movimentar o pé esquerdo, levante o pé direito até próximo ao joelho esquerdo, tomando posição para o chute lateral e para o golpe com o dorso do punho.

8. Movimento 55: Com o braço direito dobrado sobre o ombro direito, use o cotovelo como centro do movimento e gire a parte superior do corpo para a esquerda e para a frente. A perna direita é a perna-pivô. Mova a perna esquerda para a frente. Técnica muito útil no caso de o oponente agarrar seu braço direito. Em vez de procurar liberar o braço, gire o corpo em torno do braço direito.

9. Movimento 60: O golpe em ascensão do punho direito não tem um significado especial. Ele é um contrapeso para o amplo e vigoroso golpe para baixo, desferido pelo punho esquerdo.

10. Movimentos 62 e 63: Depois do bloqueio cruzado de nível superior, gire o corpo para a direita com os punhos como centro do movimento. Agarrando os pulsos do adversário, baixe as duas mãos.

11. Movimento 65: Depois do chute em dois níveis, como há a sensação de agarrar algo à frente com a mão esquerda, recue-a para junto do quadril esquerdo. Golpeie para o nível superior com o dorso do punho direito vertical num movimento deslizante, do abdômen até um pouco além do tórax. Execute os movimentos da mão ao mesmo tempo que os pés tocam o chão.

12. *Yame*: Com a perna direita como pivô, gire para a direita. Enquanto vira a mão esquerda como se fosse para um bloqueio de varredura, alinhe o pé esquerdo com o direito. Baixe as duas mãos naturalmente.

GLOSSÁRIO

Os numerais romanos se referem a outros volumes desta série: I, Visão Abrangente; II, Fundamentos; III, Kumite 1; IV, Kumite 2; V, Heian, Tekki.

ago: mandíbula
ashi: pé, perna
atama: cabeça

chūdan: nível médio
chūdan choku-zuki: soco direto no nível médio, 29, 77; I, 66
chūdan soto uke: bloqueio de nível médio, de fora para dentro, 22; II, 20; IV, 128
chūdan uchi uke: bloqueio de nível médio, de dentro para fora, 19, 76; I, 59; II, 22; V, 40
chūdan uke: bloqueio de nível médio, 33, 83; I, 59, 96; II, 90, 106; V, 28
chūdan yoko uchi: golpe lateral no nível médio, 126
chūdan-zuki: soco no nível médio, 43, 86; V, 32

dan: 14

embusen: linha de atuação, 14, 66, 140; I, 94
empi: cotovelo
empi chūdan mae uchi: golpe no nível médio para a frente com o cotovelo, 49
empi mae uchi: golpe com o cotovelo direito para a frente, 98; V, 85

fumidashi: 67, II, 68; V, 59
fumikomi: chute triturador, 131; I, 87; II, 60, 68; III, 37; V, 61
furiage: giro para cima, 130, 143

gedan: nível inferior
gedan barai: bloqueio para baixo, 50, 114; I, 56; II, 106; V, 17
gedan uchi-komi: golpe no nível inferior, 44, 90, 140
gedan uchi uke: bloqueio de nível inferior, de dentro para fora, 58, 67, 95
gedan uke: bloqueio para baixo, 45, 67, 89, 140, 142; V, 50
gyaku hanmi: posição invertida semivoltada para a frente, 26, 87, 140; II, 24; V, 40

hachinoji-dachi: posição de pernas abertas, 27, 70; I, 29; V, 16
haiwan: lado superior do antebraço, dorso do braço
hasami uchi: golpe em tesoura, 42, 67
heisoku-dachi: posição informal de atenção, 18; I, 29; V, 50
hidari: esquerdo
hidari ashi-dachi: posição de perna esquerda, 38, 81; V, 35
hidari hiza kussu: flexão do joelho esquerdo, 30, 78

144

hidari mae hiza kussu: flexão do joelho esquerdo para a frente, 44

hidari mae hiza yaya kussu: leve flexão do joelho esquerdo para a frente, 37, 87

hidari mae shizen-tai: posição natural para a frente à esquerda, 91

hiji: cotovelo

hitai: testa

hiza: joelho

hiza ate: golpe de joelho, 112

ikken hissatsu: matar com um só golpe, 11

jōdan: nível superior

jōdan uchi uke: bloqueio de nível superior, de dentro para fora, 45, 89

jōdan uke: bloqueio de nível superior, 74; I, 57; II, 106; V, 46

jōdan-zuki: soco no nível superior, 53

jōtai: parte superior do corpo

kafukubu: abdômen

kake-uke: bloqueio em gancho, 47; I, 65; V, 83

kamae: postura/posição, 13, 27, 67, 74; III, 16; IV, 42; V, 32

kasaneru: pôr um em cima do outro

kata: ombro

kekomi: chute de estocada, 38; I, 86; II, 82, 135; III, 54

ken: punho

kentsui: punho em martelo

kiai: 15

kiba-dachi: postura do cavaleiro, 46, 124; I, 32; II, 52; V, 54

kime: 11; I, 50; III, 17; IV, 120; V, 61

kōkutsu-dachi: posição recuada, 33, 74; I, 31; II, 52; III, 44; V, 26

kōkutsu-dashi (hikume): posição recuada (baixa), 114

kōsa: cruzado

kōsa-dachi: posição de pés cruzados, 140; II, 52; V, 68

kōsa-uke: bloqueio cruzado, 133, 143

koshi: quadris, lateral, I, 52; II, 13

kumite: combate, luta, 10, 14; I, 111

kyu: 14

mae: frente, à frente, na frente

mae keage: chute explosivo para a frente, 88, 140; I, 86; II, 88; III, 68; V, 41

migi: direita

migi ashi-dachi: posição da perna direita, 19, 97; V, 66

migi ashi mae fuse: perna direita na frente, tomar abrigo, 113

migi hiza kussu: flexão do joelho direito, 32, 80

mikazuki-geri: chute crescente, 48, 67; IV, 54, 66; V, 84

morote jōdan uke: bloqueio de nível superior com ambas as mãos, 41

mune: peito

musubi-dachi: postura informal de atenção, 13; I, 29

nagashi-uke: bloqueio varrendo, 44, 90, 140; I, 62; IV, 84; V, 33

naname: diagonalmente

nidan-geri: chute em dois níveis, 136; I, 90

nobasu: estender

nukite: mão em lança

osae-uke: bloqueio pressionado, 86; V, 129

otoshi-zuki: soco para baixo, 132

ryō: ambos

sayū: esquerda e direita

shizen-tai: posição natural, 18, 70, 133; I, 28; V, 16

shō: palma

shutō: mão em espada

shutō uke: bloqueio com a mão em espada, 33, 68, 84; I, 60; II, 118; IV, 140; V, 26

sokumen: lado

sokutō: pé em espada

sun-dome: deter uma técnica, 11

tanden: centro de gravidade, 13

tate-fuse: abrigar-se, ir ao chão, 113, 141

tate mawashi-uchi: golpe vertical, 108, 140, 141, 143; I, 75; II, 129; V, 18

tate shutō uke: bloqueio vertical com a mão em espada, 28, 76; I, 61

tekubi: pulso

tsukami uke: bloqueio agarrando, 37, 66; V, 115

tsukamiyose: agarrando e puxando, 38, 66

uchi uke: bloqueio, de dentro para fora, 20, 76, 140; I, 59; II, 22; V, 40

ude: braço

ue: acima, em cima

uraken: dorso do punho

ura-zuki: soco de perto, 53, 112, 141; I, 70; IV, 46; V, 98

yama-zuki: soco em U amplo, 53, 67; I, 72

yame: parada

yōi: prontidão, 18, 70

yoko keage: chute explosivo lateral, 82, 140; 141; I, 87; II, 135; V, 35

yoko mawashi-uchi: golpe horizontal, 82, 140, 141; I, 75; II, 129; V, 35

yori-ashi: deslizamento dos pés, 43, 126; II, 70; III, 104; V, 60

zanshin: estado relaxado de alerta, 13; III, 30

zenkutsu-dachi: posição avançada, 20, 91; I, 30; II, 18, 52; V, 17

Phoenix, Arizona, 1974

O MELHOR DO KARATÊ – 1
Visão Abrangente. Práticas

M. Nakayama

Este volume, organizado por Masatoshi Nakayama, apresenta todos os pontos básicos do karatê, organizados sistematicamente para um aprendizado eficiente passo a passo. O livro mostra as partes do corpo usadas como armas naturais, os golpes, como defender-se, como atacar, além de uma introdução ao kata e ao kumite.

O autor também não se esqueceu de alertar o praticante quanto à perfeição que tem de ser atingida em dois aspectos, o espiritual e o físico, se ele verdadeiramente quiser se tornar um verdadeiro adepto do karatê-do.

Neste volume, os fundamentos apresentados de forma concisa e precisa são o resultado da experiência do autor na arte da defesa pessoal durante quarenta e seis anos de prática.

* * *

Através de seus livros, **Masatoshi Nakayama** continua divulgando a tradição do seu mestre, Gichin Funakoshi, considerado o pai do karatê moderno.

Professor e diretor de educação física na Universidade Takushoku, Nakayama foi instrutor-chefe da Associação Japonesa de Karatê de 1955 até 1987, ano em que faleceu. Faixa preta de nono grau e figura conhecida nas competições, foi dos primeiros a enviar instrutores para fora do Japão e a incentivar o desenvolvimento do karatê como esporte, proporcionando-lhe uma base científica.

EDITORA CULTRIX

Italy, 1975

O MELHOR DO KARATÊ - 2
Fundamentos

M. Nakayama

Neste volume, o segundo da série *O Melhor do Karatê*, Masatoshi Nakayama, além de continuar a explicar as regras básicas que devem ser postas em prática quando se executa o kata ou se aplica o kumite, destaca os princípios físicos e fisiológicos da fonte do karatê e a concentração de força, golpes, forma, estabilidade, técnica e movimento em todas as direções, que são aspectos básicos e abrangentes do treinamento.

A prática deve ser constante e diligente, e não precipitada, e o fortalecimento do corpo deve ser feito gradualmente, dando-se grande destaque à elasticidade dos músculos.

* * *

Masatoshi Nakayama continua divulgando a tradição do seu mestre, Gichin Funakoshi, considerado o pai do karatê moderno.

Professor e diretor de educação física na Universidade Takushoku, Nakayama foi instrutor-chefe da Associação Japonesa de Karatê de 1955 até 1987, ano em que faleceu. Faixa preta de nono grau e figura conhecida nas competições, foi dos primeiros a enviar instrutores para fora do Japão e a encorajar o desenvolvimento do karatê como esporte, dando-lhe base científica.

EDITORA CULTRIX

Tokyo, 1977

O MELHOR DO KARATÊ - 3
Kumite 1

M. Nakayama

No kumite (luta), as técnicas básicas são aguçadas, e o movimento do corpo e o distanciamento se adquirem por meio da prática. Este volume explica os tipos e o significado do kumite e a relação entre o kumite *jiyu* e o treinamento básico nos fundamentos.

As demonstrações são feitas por instrutores da Associação Japonesa de Karatê.

* * *

Masatoshi Nakayama continua divulgando a tradição do seu mestre, Gichin Funakoshi, considerado o pai do karatê moderno.

Professor e diretor de educação física na Universidade Takushoku, Nakayama foi instrutor-chefe da Associação Japonesa de Karatê de 1955 até 1987, ano em que faleceu. Faixa preta de nono grau e figura conhecida nas competições, foi dos primeiros a enviar instrutores para fora do Japão e a incentivar o desenvolvimento do karatê como esporte, proporcionando-lhe uma base científica.

"Esta série ensina todos os aspectos da arte do karatê."
Library Journal

EDITORA CULTRIX

Tokyo, 1976

O MELHOR DO KARATÊ - 4
Kumite 2

M. Nakayama

Este livro complementa o volume 3 desta série e, como o anterior, traz ensinamentos de mestres das artes marciais para orientar o estudante no caminho da consciência espiritual e da maturidade mental. *O Melhor do Karatê 4* trata exclusivamente do kumite e da relação deste com o treinamento como um todo.

* * *

Masatoshi Nakayama continua divulgando a tradição do seu mestre, Gichin Funakoshi, considerado o pai do karatê moderno.

Professor e diretor de educação física na Universidade Takushoku, Nakayama foi instrutor-chefe da Associação Japonesa de Karatê de 1955 até 1987, ano em que faleceu. Faixa preta de nono grau e figura conhecida nas competições, foi dos primeiros a enviar instrutores para fora do Japão e a incentivar o desenvolvimento do karatê como esporte, proporcionando-lhe uma base científica.

"Esta obra é de grande utilidade principalmente para estudantes adiantados."
Choice

EDITORA CULTRIX

Japan, 1977

O MELHOR DO KARATÊ - 5
Heian, Tekki

M. Nakayama

Kata, os exercícios formais do treinamento do karatê, constituem a essência da prática em Okinawa e na China e são o centro do método do treinamento atual.

Detalhados aqui numa seqüência de 1500 fotografias, estão os cinco Heian e os três Tekki kata, cujo domínio é necessário para obter o primeiro dan.

Os exercícios são demonstrados pelo autor, Masatoshi Nakayama, e por Yoshiharu Osaka.

O treinamento intensivo, mental e físico, é o pré-requisito para se adquirir a capacidade de controlar os próprios movimentos, e essa, por sua vez, é a marca do competidor capaz. Exatamente como em outros esportes e artes marciais, o domínio dessas técnicas básicas só é conseguido mediante um treinamento constante e uma dedicação exemplar.

* * *

Masatoshi Nakayama continua divulgando a tradição do seu mestre, Gichin Funakoshi, considerado o pai do karatê moderno.

Professor e diretor de educação física na Universidade Takushoku, Nakayama foi instrutor-chefe da Associação Japonesa de Karatê de 1955 até 1987, ano em que faleceu. Faixa preta de nono grau e figura conhecida nas competições, foi dos primeiros a enviar instrutores para fora do Japão e a encorajar o desenvolvimento do karatê como esporte, dando-lhe uma base científica.

EDITORA CULTRIX